655 2430

PROJET DE RÉFORMES

ET

INSTITUTIONS SALUTAIRES

DANS L'INTÉRÊT DES

TRAVAILLEURS.

PAR

P. DECRUSSILLY

DE LYON.

« On ne saurait assez remémorer ce que des hommes compétents ont pu dire dans l'intérêt de l'humanité, surtout en France où les choses les plus sérieuses sont généralement accueillies par l'indifférence et ne parviennent que lentement à prendre place dans les meilleurs esprits. »

PARIS.

—

1852.

Lyon. — Imp. Dumoulin et Ronet, rue Centrale, 20.

A SON ALTESSE

MONSEIGNEUR

LOUIS-NAPOLÉON.

MONSEIGNEUR,

Enhardi par vos œuvres et osant compter sur votre indulgence, en faveur de l'intention, je viens vous prier, Monseigneur, de vouloir bien accueillir quelques idées de réformes et institutions salutaires tendant à rasséréner l'avenir d'un pays qui vous est cher.

Combien je serais heureux si la prise en considération de cet opuscule pouvait contribuer, Monseigneur, à vous assurer de nouveaux droits à la reconnaissance de ma patrie, et puisse la relation ci-incluse d'une inauguration en l'honneur du nom qui éleva si haut les destinées de la France, être auprès de vous, Monseigneur, la confirmation des sentiments des habitants de la commune de Villeurbanne (Isère), ainsi que le témoignage de mon loyal et entier dévouement !

J'ai l'honneur d'être avec la plus haute considération et le plus profond respect,

Monseigneur,

De votre Altesse,

le très-humble et très-obéissant serviteur,

PROJET DE RÉFORMES

ET

INSTITUTIONS SALUTAIRES

DANS L'INTÉRÊT DES

TRAVAILLEURS.

« Si la Révolution de février a des pages lugubres,
« des feuillets sanglants, sous la Présidence il y aura
« sans doute des chapitres, où l'étude et l'expérience
« trouveront le germe d'institutions salutaires et le
« principe de réformes bienfaisantes. »

SALUT PUBLIC.

« Depuis longtemps des Economistes et des Philan-
thropes ont exposé leurs craintes sur le résultat
que pourrait avoir le développement économique
des sociétés modernes et sur les conséquences
qui devaient découler de l'inégalité toujours croissante de la répartition des richesses sociales; ils
ont passé en revue les résultats économiques,
politiques et moraux de cette extrême inégalité ; ils
représentaient la société comme poussée par là dans
une voie de soi-disant progrès, dont l'issue était

problématique, et ils demandaient aux hommes de la génération actuelle de porter attentivement leurs regards sur ces questions importantes, de ne pas fermer les yeux sur d'évidentes anomalies, en se livrant à des illusions que plusieurs symptômes déjà patents alors semblaient si bien faits pour dissiper. Ils parlaient trop dans l'intérêt de l'ordre social actuel, pour que les ennemis de cet ordre de choses pussent un seul instant s'y tromper. Cependant le public éclairé a jugé à propos, lui, de s'y tromper et de repousser avec colère des avertissements et des vérités qu'on lui présentait sans ménagements et sans détours.

« Maintenant qu'il y a certitude que la société actuelle est attaquée, non pas seulement dans son droit établi, dans ses institutions politiques et civiles, mais dans ses mœurs, dans ses croyances, dans ce qui fait l'essence et le fondement de l'ordre social. Or dans ce moment suprême, on peut admettre que les membres d'une famille nombreuse peuvent bien n'être pas d'accord sur le genre de vie, sur l'administration domestique, sur la subordination, sur la répartition de subsistances qu'il leur convient d'établir entre eux ; mais quand des barbares attaquent la maison, qu'ils cherchent à saper ses fondements, toute dispute cesse, et les enfants se rallient autour du père de famille pour repousser l'agression qui les menace tous. »

C'est donc pour conjurer le danger qu'on ne saurait assez promptement arriver aux réformes que le pays attend et aux progrès dont il a besoin ; cela devient obligatoire pour sauver la France et la prémunir contre les tendances de subversion sociale de certains novateurs , auxquels il importe avant tout de passer le niveau pour rétablir ensuite des droits exclusifs à leur profit , et qui veulent d'abord vous faire aussi pauvres qu'eux, et s'arranger ensuite pour être plus riches que vous.

Il y a donc urgence de modifier et provoquer de nouvelles lois pour s'opposer, par des institutions salutaires, à l'entraînement que ces sophistes peuvent exercer sur des hommes dont l'intelligence, obscurcie par des raisonnements captieux, n'attachera bientôt aucune idée d'injustice et de mal moral à des actes qui violeraient toutes les lois divines et humaines ; mais pour obtenir ces réformes civilisatrices, il faut que le pouvoir exécutif prenne l'initiative et qu'il trouve des auxiliaires puissants dans l'assemblée, dans les magistrats électifs, dans les citoyens intelligents ; il faut enfin que le gouvernement marche en tête, mais qu'on le suive.

Déjà on s'est occupé de l'organisation de caisses de secours et de retraites qui viennent en aide à certaines industries et n'admettent leurs membres qu'à partir de dix-huit à cinquante ans ; d'autres systèmes ont été discutés, mais aucun n'a compris le présent et indistinctement les vieillards et les invalides de l'industrie en général. Il reste donc ɔeaucoup à faire, cela tient à ce que tout le monde et particulièrement les chambres de commerce et les conseils municipaux n'ont jamais songé qu'à leurs théories préférées, qu'à leurs systèmes particuliers, traitant souvent d'utopie tout ce qui n'émane pas de leur conception et rejetant ainsi souvent des idées dont les moyens d'exécution peuvent être possibles et facilement réalisables. Aussi combien de lois proposées dont les principes discutés ont produit beaucoup d'effet et fait briller le talent des orateurs, et qui, votées, après avoir surpris les convictions, n'ont produit que le désappointement, ne pouvant atteindre le but proposé !

L'agriculture demande aussi des garanties de secours pour ses enfants, l'agriculture a les mêmes droits que l'industrie. La situation de ces deux classes si importantes exige donc simultanément des réformes qui, en apaisant des plaintes légitimes, enlèveront aux partis révolutionnaires les prétextes et les moyens ([1]).

([1]) Si jamais on arrive à établir des mesures attentatoires à la propriété, ce ne sera qu'à la suite d'une irritation croissante causée par une grande disproportion entre les fortunes, disproportion dont les riches n'auront pas su par leurs libéralités bien entendues prévenir les pénibles conséquences. Comme aussi on doit comprendre que pour toutes les institutions utiles, dites *de Bienfaisance*, la formation des conseils de surveillance et la nomination des membres distributeurs de secours doivent émaner du gouvernement, ou être soumises à sa sanction.

Ainsi des secours pour tous, un noble asile pour les invalides et les vieillards de l'industrie et de l'agriculture organisés par catégories formant trois corps distincts, viendraient stimuler une salutaire émulation dont l'influence ne tarderait pas à assurer l'amélioration matérielle et le perfectionnement moral des classes laborieuses.

Déjà les caisses d'épargne et celles des retraites pour la vieillesse sont des auxiliaires puissants en faveur des classes ouvrières ; à celles qui sont aisées, elles peuvent assurer un revenu dans la vieillesse ; mais comme l'a si judicieusement démontré l'héritier d'un grand nom dont on doit citer textuellement la pensée (¹) : « Pour la classe la plus nombreuse qui n'a aucun superflu et par conséquent aucun moyen de faire des économies, ces systèmes sont complètement insuffisants. Vouloir en effet soulager la misère des hommes qui n'ont pas de quoi vivre, en leur proposant de mettre de côté tous les ans un quelque chose qu'ils n'ont pas et qu'ils ne peuvent avoir, est une dérision et une absurdité. »

C'est donc pour cette classe qui est la plus accessible aux mauvaises doctrines, qu'il faut réaliser toute la part de bien possible, afin que le mal devienne presque un vice ; il faut faire large part

---

(¹) Voir les œuvres du prince Louis-Napoléon Bonaparte — Extinction du paupérisme, page 259, tome deuxième.

aux bons, pour que les mauvais n'aient aucune excuse, cela est urgent; cela est nécessaire pour empêcher aux intrigants de l'entraîner vers tout ce qui peut lui nuire. Qu'on laisse donc un peu la politique pour s'occuper, et cela sérieusement, largement et d'une manière intelligente, des ouvriers en général, et alors, en devenant libéral pour les réclamations fondées, on pourra se montrer sévère contre les prétentions injustes.

Dans les réformes obligatoires et institutions salutaires qui doivent assurer au pays de nouvelles garanties de progrès on doit énumérer les plus urgentes, savoir :

1° L'observation, en l'absence de descendants, des articles **913** et **914** du code civil à l'égard des collatéraux en ligne directe (¹).

(¹) Cod. civ. liv. 3. titre 2. Donations et testaments, ch. 3. De la portion de biens disponibles et de la réduction.

913. Les libéralités soit par acte entre vifs, ou par testament ne pourront excéder la moitié des biens du disposant s'il ne laisse à son décès qu'un enfant légitime, le tiers s'il laisse deux enfants, le quart s'il en laisse trois ou plus grand nombre.

914 Sont compris dans l'article précédent sous le nom d'enfants les descendants en quelque degré que ce soit : néanmoins ils ne sont comptés que pour l'enfant qu'ils représentent dans la succession du disposant (c. 7395).

Article additionnel (demandé). En l'absence de descendants, les frères et sœurs en ligne directe ou leurs enfants seront

2° Faciliter le remboursement ou l'amortissement de la rente 5 p. o/o au moyen de la création de titres de pensions viagères de 6, 7 et 8 p. o/o hypothéqués sur les propriétés de l'Etat et délivrés en échange de capitaux ou de cession volontaire de coupons de rente 5 p. o/o.

(Voir par suite des dilapidations des gérants de certaines compagnies combien il importe au gouvernement d'accueillir cette proposition pour garantir les épargnes du peuple).

3° La rectification des lignes de redressement ou d'élargissement des rues des villes dont les nouveaux plans, quoique arrêtés, contribueraient à maintenir ou augmenter les causes d'insalubrité (¹).

---

assimilés aux droits des enfants légitimes et les dispositions contenues dans les articles 913 et 914 seront observées à leur égard. Néanmoins par dérogation à l'art. 913, il sera facultatif au testateur, indépendamment de la portion de biens disponibles, de laisser la jouissance à sa veuve d'une partie ou de la totalité de ses biens.

NOTA. — Pour certaines gens, cet article additionnel paraîtra attentatoire à la liberté; à ceux-là on répondra que, rentrant dans la fraternité légale et tendant à amoindrir les chances favorables à la dépravation et au concubinage, il vient concilier la liberté avec l'intérêt général, qui dans un état bien constitué doit prédominer sur toute autre considération.

(¹) Voir à Lyon dans toute l'étendue de la section de l'ouest, où les maisons généralement occupées par des ouvriers, étant adossées à des rochers humides et privées de courants d'air, se trouvent dans des conditions permanentes d'insalubrité qui réclament l'application des prescriptions de la loi du 19 janvier, 7 mars et 13 avril 1850 sur l'assainissement des logements insalubres.

4° **L'établissement de gymnases pour les écoles primaires sous la surveillance de censeurs.**

(On doit se convaincre de l'utilité de ces institutions à créer dans l'intérêt des enfants des villes sous les rapports sanitaires, pouvant aussi contribuer à leur éviter ce contact journalier dans les rues et sur les places publiques, qui, motivé dans un but de délassement, est généralement si pernicieux au développement moral de l'enfance des classes laborieuses).

5° **Les écoles professionnelles.**

(Voir l'établissement de St-Michel à Rome).

6° **La création d'une Taxe annuelle, dite des retraites nationales, imposée sur tous les individus nés Français sans exception, à partir de vingt-un ans ([1]).**

(Créer une administration *ad hoc* soumise au contrôle du gouvernement).

([1]) Considérant que sur 36 millions d'habitants la France peut compter annuellement 500 mille travailleurs soit 13 ½ par commune, infirmes ou réduits par la vieillesse à un état de prostration qui réclame le repos.

Admettant d'autre part que la taxe annuelle des retraites nationales frappe 20 millions de contribuables y compris tout individu qui à partir de 18 ans voudrait s'assurer la qualité d'électeur par l'acquit annuel de la taxe, devenue la base fondamentale de la liste électorale ; alors les 39/40mes de ces 20 millions d'imposés contribueront dans la proportion de 39 pour 1, à la création du fonds destiné à assurer une retraite honorable à 500 mille vétérans de l'agriculture et de l'industrie.

Quel individu refusera de payer annuellement la taxe soit un écu = 5 francs, lorsqu'il saura que 39 autres écus soit 195 francs seront ajoutés à ce versement et qu'en outre les sommes produites par l'enregistrement des baux et par les

7° Rendre le vote obligatoire sous peine d'une amende égale à la cote personnelle et mobilière de l'abstenu. Le produit sera versé à la caisse des retraites nationales.

(« En rendant le vote obligatoire on ne donnera pas une « voix de plus aux candidats des hommes du désordre, « et l'on fera tomber dans l'urne par milliers, par « millions peut-être, des suffrages favorables aux « candidats de l'ordre ») *Courrier de Lyon.*

8° Institution départementale d'hôtels pour les invalides et les vieillards de l'agriculture et de l'industrie 1re et 2me classe et de maisons d'asile pour les infirmes et les vieillards 1re et 2me catégorie.

9° Nouvelle classification de l'impôt des portes et fenêtres en prenant pour base la valeur du sol, la dimension des ouvertures et la hauteur des étages.

10° Enfin assurer la juste répartition des contributions foncières, personnelle, mobilière, des patentes, et le droit proportionnel par le mode d'enregis-

---

frais d'éviction locative, conjointement aux legs, donations et amendes pour cause d'abstention à l'élection (voir ci-après), pourront élever à 60 pour 1 soit 300 francs sa quote-part de retraite annuelle destinée à lui venir en aide lorsque, dépourvu de tous moyens par des causes fortuites inhérentes à l'humanité, ou bien après avoir honorablement parcouru sa carrière dans une industrie peu lucrative, il fera valoir ses droits à la retraite (versée à domicile fixe), ou son admission à l'institution départementale des invalides désormais assurée à la vieillesse, ou à toute infirmité réduisant le travailleur à l'incapacité de pourvoir à son existence.

trement des baux, dit complément du fonds des
retraites nationales [1].

Ce dernier article doit particulièrement être pris
en considération, car le mode d'enregistrement des
baux, comme moyen, est le seul pouvant asseoir et
déterminer intégralement la proportionnalité des
diverses contributions directes, comme aussi constater le domicile ainsi que la date d'occupation [2];
mais encore comme but, il est le complément et la
clef tutélaire qui peut consolider l'édifice social; à
lui seul, le privilége de moraliser les masses, en éta-
blissant par la coopération mutuelle du travailleur
et du propriétaire, cette entente fraternelle qui ne
sera plus un vain mot seulement inscrit au fronton

---

[1] L'enregistrement des baux dont la durée ne devrait pas
excéder 10 années pour loyer d'habitation, magasin, atelier,
hangar, etc., et 20 années pour les baux ruraux dits fermages,
étant fixé à 5 p. o/o pour chacune des parties contractantes
sur le montant du prix du bail d'une année seulement, peut
seul opposer une barrière à de graves abus, ainsi qu'à l'enva-
hissement continu des villes et des professions industrielles
de la part des populations agricoles, qui jusqu'à ce jour ont
déserté la plus utile, la plus bienfaisante des industries, la
culture du sol pour se jeter dans les cités, et là par une concurrence illimitée ont fait baisser au-dessous des frais de pro-
duction le prix vénal des objets fabriqués et réduit à la misère
un grand nombre d'artisans.

[1] Le bail enregistré et le carnet sur lequel le cachet de
quittus annuel de la taxe des retraites nationales serait apposé,
pourraient remplacer la carte électorale.

des propriétés de l'Etat. Par lui les secours ne seront plus accordés, car par son concours chacun selon ses œuvres aura droit à la part de bien-être réservée à la viellesse et aux infirmités; stimulant actif d'un noble orgueil, il dirigera la jeunesse dans la voie de l'émulation pour obtenir par le devoir et le travail une retraite digne de sa participation à la prospérité de la Francè, qui devenue l'élite des peuples dans l'agriculture et l'industrie, criera à jamais arrière à toute maûvaise passion, à toute autre ambition que celle du salut et de la gloire de la patrie.

Il est également certain que venant en aide aux vieillards et aux invalides agricoles et industriels par la taxe des retraites et l'enregistrement des baux, on laissera poursuivre à l'ambition honnête, légitime et régulière de l'artisan, une carrière dans laquelle il cherchera à s'élever parmi ses pairs sans sortir de son état; et sans désirer de s'élever au dessus de sa profession, ou enfin aspirer à escalader périlleusement les degrés supériéurs de l'échelle sociale, faute de pouvoir assurer son avenir dans le rang de sa profession même.

L'émulation bienfaisante, les rapports de confraternité, la réciprocité des bons offices, la charité et la bienveillance pratique qui assurent le bonheur des populations, ne tarderaient pas à faire disparaître ces perturbations si fréquentes des coalitions d'ouvriers, les conspirations sourdes de l'ambition, ou l'émeute sanglante de la place publique.

D'après cet exposé la taxe des retraites et le mode d'enregistrement des baux, comme but moral, étant la seule combinaison à laquelle nulle autre ne peut atteindre, on ferait un grand pas dans le bien-être social; il ne reste donc plus àétablir que, comme moyen, l'enregistrement des baux est aussi le seul système pouvant assurer la proportionnalité de la perception des contributions foncière, personnelle, mobilière, les patentes et le droit proportionnel.

Il est tellement évident que jusqu'à ce jour ces diverses contributions ont été perçues d'après des estimations si variables ou fixées sur des bases ou modes de cotisation si peu proportionnelles, que quoiqu'on ait dit : « En France l'impôt n'est pas progressif, il est proportionnel, » on peut affirmer qu'il n'est ni l'un ni l'autre, parce que frappant en général le petit contribuable dans de plus fortes proportions, il déroge par cela même de ces deux impôts et tend à l'injuste et à l'arbitraire par suite du mode de classement fixant un maximum, par l'improportionnalité des tarifs et la multiplicité d'erreurs et irrégularités dans la répartition et le contrôle (¹).

Pour justifier cette assertion, on doit se convain-

(¹) D'après le mode de perception suivi jusqu'à ce jour le tarif de la contribution personnelle et mobilière applicable aux villes ayant un octroi, présente généralement, *sous formes improportionnelles*, les proportions suivantes :

cre premièrement, que le mode de taxe par classement pour les patentes, fixant un maximum de 500 francs, est entièrement à l'avantage du commerce en gros; secondement que la valeur locative servant de base à la cotisation personnelle, mobilière et proportionnelle, vient encore subsidiairement augmenter les chances en sa faveur par la facilité de déguiser sur le bail verbal ou par déclaration le montant réel du prix de la location : ainsi tel boutiquier marchand d'étoffes de soie, coton et laine en détail, compte annuellement au fisc 200 fr. savoir 100 fr. pour le droit fixe obligé, dit patente de deuxième classe, et 100 fr., droit proportionnel pour un loyer de mille francs, lorsque tel autre vendant les mêmes

Loyer audessous de 150 fr.		néant
de 150 à 399	inclusivement	5 fr.
de 400 à 509	id.	10 fr.
de 600 à 899	id.	20 fr.
de 900 à 1199	id.	30 fr.
de 1200 à 1499	id.	40 fr.
de 1500 à 1999	id.	50 fr.
de 2000 à 2499	id.	60 fr.

de 2500 et au dessus (pourquoi cette faveur) 80 fr.

Tandis que sous des formes proportionnelles il présenterait : Loyers audessous de 150 fr. néant; audessus, taxés 3 centimes 1/3 par franc.

de 150 f. impôt 3 centimes 1/3 par franc. Total 5 fr.
de 399 f. impôt 3 cent. 1/3 par franc. Tot. 13 fr. 30 c.
de 400 f. impôt 3 cent. 1/3 par franc. Tot. 13 fr. 34 c.
de 2000 f. impôt 3 cent. 1/3 par franc. Tot. 66 fr. 66 c.
de 2499 f. impôt 3 cent. 1/3 par franc. Tot. 83 fr. 30 c

articles en gros et en détail, dans un quartier central
ne paie pour ces deux contributions que 1700 fr.,
soit 500 fr. pour la patente de première classe dite
maximum (¹), et 1,400 fr. droit proportionnel pour
un loyer de 14,000 fr., tandis que taxé proportion-
nellement le chiffre total devrait s'élever à 2,800 fr.,
savoir : 1,400 fr. pour la patente et 1,400 fr. pour
le droit proportionnel ; ces deux taxes correspondant
alors à celles du premier boutiquier établiraient ra-
tionnellement d'après la valeur locative la proportionnalité de la contribution de la patente, ainsi que
celle du droit proportionnel.

Quant à l'impôt des portes et fenêtres les deux
boutiquiers précités sont assujettis au même droit
fixe de 2 fr. et 40 centimes par chaque ouverture ;
ne devrait-il pas en être différemment ? Le premier
boutiquier occupant sur un sol valant à peine cent
francs le mètre carré, lorsque la même superficie du
sol privilégié de la propriété qu'occupe le second
boutiquier vaut en commune mille francs.

La taxe foncière également établie par classement
pour fixer le revenu est souvent aussi improportionnellement imposée que celle des contributions pré-

---

(¹) Le mode de taxe par classement, autre que pour les fo-
rains, colporteurs, etc., fixant un maximum de patente de 300
fr., ruine le petit commerce dont les dépouilles vont alimenter
la vente dite au *rabais*, qui depuis trente ans a jeté la pertur-
bation dans notre industrie et favorisé la banqueroute fraudu-
leuse.

citées, puisque pour une maison située à Lyon la taxe portée au rôle s'élève à 255 francs pour un revenu présumé de 759 francs sans avoir égard aux non valeurs qui réduisent annuellement ce revenu d'environ 1/6me, pendant que dans un quartier central dans la même ville, la taxe d'une maison construite sur un périmètre égal à celui de la première, ayant le même nombre d'étages et dont les magasins et les appartements sont toujours occupés, ne s'élève pas au chiffre de 5,060 fr. calculé d'après un revenu de 9,180 fr.; et pourtant les quatre ouvertures composant le rez-de-chaussée de celle-ci, sont louées en commune 1,500 fr. l'une, soit 6,000 fr. en total, lorsque les quatre ouvertures louées de la première maison atteignent à peine le chiffre modique de 500 fr., soit 125 fr. l'une [1].

Combien de quartiers à Lyon sont encore plus improportionnellement imposés [2] ?

---

[1] 500 francs, ce chiffre étant le douzième de 6,000, en multipliant par 12 la taxe de la première maison portée à 255 francs pour un revenu de 759 francs, on obtient le chiffre de 3,060 francs montant de la taxe proportionnelle pour un revenu de 9,180 francs.

[2] Pour constater les irrégularités qui existent dans la répartition et le contrôle, il n'est pas rare de trouver dans une même circonscription des immeubles dont les recettes s'élèvent à 7 et 8 mille francs, taxés au même taux ou souvent à un taux moins élevé que ceux dont le rendement est de 3,000 à 3,500, et pour complément la taxe mobilière est aussi improportionnellement imposée.

D'autre part, l'Etat après avoir perçu indistinctement l'impôt sur le propriétaire jouissant de son
revenu, et sur celui privé du tout ou partie, alloue
annuellement une somme en principal (dont il fixe
d'avance le chiffre), destinée à décharger ce dernier.

Ce mode de remboursement en décharge, étant
aussi variable qu la somme imputée à cet emploi,
fait supporter au contribuable une perte de moitié et
souvent plus sur le remboursement intégral de sa
juste réclamation; encore faut-il pour cela, que la
grêle et les épizooties aient ménagé le département.

Enfin, pour mieux établir la position ruineuse de
l'imposé, non-seulement le fisc perçoit au besoin
par contrainte la totalité de l'impôt sur un revenu
que le contribuable n'a pas reçu, mais il ajoute encore l'impôt des portes et fenêtres de l'immeuble
inoccupé (¹).

(¹) Par quelques exemples on pourra se convaincre de la position intolérable dans laquelle se trouve annuellement dans
nos villes un grand nombre de propriétaires.

Un individu exerçant une profession loue par bail verbal un
magasin éclairé par quatre ouvertures, moyennant le prix de
400 fr. par an, payable par moitié de six mois en six mois (voir
les coutumes lyonnaises); le premier terme échu, après un
mois d'attente et sur le refus de payement, le propriétaire
fait appeler le locataire à la justice de paix; là ce dernier af-
firme se libérer avant l'époque fixée pour les dédites (trois
mois avant l'expiration du second terme). Le propriétaire,
ayant attendu vainement jusqu'au délai prescrit, donne com-

Cette manière de procéder est dans la légalité, mais sans nul doute, dans cette légalité vicieuse qui précède la démoralisation et la ruine d'un état.

---

mandement et dédite par exploit d'huissier formulant des réserves toujours illusoires; puis il met écriteau et loue à un nouveau locataire qui doit entrer en jouissance du dit magasin à l'expiration d'une année d'occupation par le locataire congédié. Que fait celui-ci? il attend le dernier jour fixé pour les déménagements et alors refuse de vider le local. Le nouveau locataire, ne pouvant prendre possession, met le propriétaire en demeure; ce dernier est provisoirement condamné au minimum, soit environ 125 francs, frais compris, à titre de dommages et intérêts; et pour en finir il est obligé de faire procéder judiciairement à l'éviction du premier locataire; ce qui ne lui coûte pas moins de 60 francs.

Maintenant en récapitulant la part de perte à la charge du propriétaire, qui déjà a compté au fisc la taxe annuelle pour un revenu qu'il n'a pas reçu, on trouve à son déficit :

1° Invitation du juge de paix . . . . coût 25 c.

2° Dédite et commandement par exploit d'huissier . . . . id. 5 40

3° Dommages et intérêts au second locataire. id. 125 »

4° Eviction judiciaire du premier locataire. id. 60 »

5° Année de loyer d'un magasin . . . . id. 400 »

6° L'impôt de 4 portes ou ouvertures de 1re classe dont le propriétaire est responsable envers le fisc . . . . id. 9 60

Total de la perte. fr. 600 25

D'autres propriétaires, après avoir été frustrés, d'une année et souvent de 18 mois, du montant du loyer d'une ou plusieurs locations, transigeant avec leur conscience pour éviter les frais d'éviction judiciaire, ou bien étant dans l'impuissance d'y faire face, sont forcés de payer les frais de déménagement,

Il importe donc, pour réformer un tel ordre de choses incompatible avec un gouvernement juste et libéral, de procéder à l'avenir avec équité à la perception des contributions directes, en proposant à l'assemblée :

1° **D'assurer** intégralement la proportionnalité des contributions foncière, personnelle, mobilière, des patentes et le droit proportionnel, par le mode d'enregistrement des baux, dit complément du fonds des retraites nationales.

2° **De baser la** cotisation en principal de ces diverses

---

après avoir préalablement délivré une quittance en solde destinée à capter la confiance d'un nouveau propriétaire qui, à son tour, doit être dupe. Combien de fois n'a-t-on pas vu, après toutes ces concessions, le locataire porter lui-même ses meubles sur la voie publique, et là, exploitant la compassion d'une foule trop crédule se poser en victime de la rapacité d'un propriétaire qui sans commisération venait de le jeter hors de son domicile.

Il est vrai que la loi qui ordonne la saisie de l'immeuble et son expropriation pour cause de non payement d'impôts, autorise également la saisie et la vente des effets mobiliers et des marchandises au profit du propriétaire : triste compensation toujours mise à profit par les ennemis de l'ordre, pour exciter les masses à porter atteinte à la propriété; et d'ailleurs, sauf de rares exceptions, les frais obligés excédant de beaucoup le produit de la vente, ont été calculés de manière à favoriser le fisc et augmenter la perte déjà supportée par le propriétaire.

Quand en finira-t-on en France avec ces coutumes et ces lois pernicieuses qui facilitent dans nos villes l'émigration des étrangers et celle des travailleurs de la campagne, au préjudice de la propriété et au profit de la démoralisation?

contributions d'après la valeur locative, toutefois après avoir établi invariablement pour fixer celle des patentes la quotité de la taxe ou *centimes par franc*, à laquelle chaque industrie doit être assujettie, en ayant préalablement égard au nombre d'employés, à celui des métiers, à la valeur des tissus et des produits résultant de fabrications diverses, et au plus ou moins d'importance des relations d'affaires et des bénéfices résultants.

3° La nouvelle classification de l'impôt des portes et fenêtres en prenant pour base la valeur du sol, la dimension des ouvertures et la hauteur des étages.

4° D'établir que les frais d'éviction pour cause de non paiement de loyer ou de fermage sans motifs péremptoires judiciairement constatés, resteront à la charge du locataire. Ils seront fixés à 5 p. 0/0 sur le prix d'une année de location. La somme résultant devant être versée entre les mains du receveur ayant enregistré le bail, sera destinée à augmenter le fonds de la caisse des retraites nationales.

En admettant ces quatre propositions on équilibrerait par des compensations rationnelles la position des contribuables ainsi que la valeur et le revenu des propriétés urbaines et rurales (¹).

(¹) Pour ces dernières en s'assurant du revenu des terres affermées par le mode d'enregistrement des baux, on parvien-

Il est un fait, à l'appui de la proportionnalité des contributions directes par le mode d'enregistrement des baux qu'on ne peut contester ; c'est qu'en général dans les grandes villes, tous les quartiers, hors ceux du centre, sont abandonnés au profit des faubourgs ou des villes suburbaines par suite du vice de perception des impôts directs et indirects qui jusqu'à ce jour ont frappé les propriétés et les populations de ces quartiers dans des proportions très-onéreuses, tandis qu'il en a été différemment pour les faubourgs ou les villes limitrophes et pour les quartiers du centre ; ces derniers, particulièrement à Lyon, ont vu seuls démesurément accroître leur prospérité par la mise à exécution de toute espèce d'améliorations, toujours votées par eux de préfé-

---

drait à asseoir la part proportionnelle devant être attribuée à l'impôt foncier d'après le rendement de compte provenant de chaque catégorie de terrain de valeur différente ; comme aussi on parviendrait également à réformer l'abus des baux à court-terme, qui sont en France si contraires aux progrès de l'agriculture, et trop souvent un sujet de haine entre le colon et le tenancier, ainsi que la cause première de la dépréciation et de la ruine de la propriété ; car avec la tolérance des baux de 6 et 9 ans, comment obtenir des plantations d'arbres à fruits dont les produits sont d'une vente facile, la culture du mûrier surtout pouvant donner des résultats d'une grande importance, les bons fourrages tels que luzerne, sainfoin, etc., qui aident à multiplier les animaux nécessaires à l'alimentation et donnent la faculté de s'assurer de bons engrais, dont l'utilité est incontestable pour la prospérité de l'agriculture ?

rence, contrairement aux intérêts généraux de la cite-mère.

Par les différents modes proposés non-seulement on parviendrait à régulariser et baser avec équité la proportionnalité des diverses contributions directes, mais on viendrait encore moralement empêcher à l'État de contribuer à la ruine de l'imposé.

Enfin pour complément de cette œuvre réparatrice, ne pourrait-on pas réduire en une seule ligne d'octroi toutes celles établies dans une circonscription composée de plusieurs villes limitrophes, pour ne percevoir qu'un droit uniforme sur l'objet imposé ; pourquoi cette différence de taxe sur les divers impôts à l'avantage des villes suburbaines composant l'agglomération lyonnaise ?

En laissant à ces villes le droit de s'imposer une quotité moindre sur les droits directs et indirects que celle nécessaire au budget de la cité-mère, n'est-ce pas leur constituer un privilége ? N'est-ce pas aussi provoquer une concurrence ruineuse et favoriser, au préjudice de l'ordre et de la morale publique (¹), le développement de ces villes, dont le voisinage est non-seulement gênant pour la circu-

----

(¹) Voir par suite des décisions de l'administration de l'hôpital de Lyon, la quantité de baraques construites sur la commune de la Guillotière, dont la plupart transformées en bouges ou lieux de prostitution, occupent par bail de 9 ans, la majeure partie des terrains submersibles appartenant à cet hospice.

lation des produits, mais encore inquiétants et ruineux pour Lyon qu'elles enserrent, et dont elles profitent de tous les avantages, sans participer à ses charges.

De cette réduction en une seule ligne d'octroi et de la perception proportionnelle des impôts directs par le mode d'enregistrement des baux, ne résulterait-il pas pour les cités-unies, une modération notable sur les droits des boissons sans préjudice pour le fisc, si désirée depuis longtemps dans l'intérêt de la plus grande partie des classes laborieuses.

Ainsi par ces motifs, réclamant un acte de toute justice confirmé par l'état de dépréciation et de délaissement dans lequel se trouvent aujourd'hui tous les quartiers de Lyon qui sont contigus aux villes de la Croix-Rousse, de Vaise et la Guillotière-les-Brotteaux (voir la presque totalité de Lyon), il est à désirer que dans le plus bref délai, il plaise au gouvernement que Lyon et ses villes suburbaines ne forment plus qu'une seule et même grande cité (¹) divisée en six mairies (nord, sud, est, nord-est, ouest, nord-ouest) sous la surveillance

---

(¹) Le voisinage de la ville de la Guillotière-les-Brotteaux, sera bientôt à l'égard de la majorité des quartiers de Lyon ce qu'est maintenant dans cette ville la nouvelle rue Centrale à l'égard de la petite et de la grande rue Mercière, qui lui sont parallèles.

Personne ne peut contester aujourd'hui que sept ponts cons-

d'un conseil supérieur composé de quarante-deux
membres pris par quart dans chaque arrondisse-

---

truits sur le Rhône, et disposés à des intervalles et des issues
convenables dans son parcours du nord au midi de la ville-
mère, ne soient autant d'aboutissants journaliers reliant les
deux rives et deversant, principalement les dimanches et fêtes,
la presque totalité des Lyonnais sur le territoire de la Guillotière-les-Brotteaux, ce qui porte un grand préjudice à Lyon,
attendu que tous ses débitants sont plus imposés que ceux des
villes suburbaines, et qu'en général la taxe des impôts directs
et indirects y est également portée à un taux plus onéreux
pour ses habitants, pendant que d'autre part les maisons de
ses nouveaux quartiers (voir Perrache et la majeure partie des
terrains appartenant à la ville) ne peuvent se construire et
celles des anciens se réparer ou se réédifier qu'en payant sur
les matériaux nécessaires un droit d'entrée de 10, 15 et 17
p. 0/0 dont les villes de la Guillotière-les-Brotteaux et celles
de la Croix-Rousse et de Vaise, sont affranchies et qu'indépendamment les réglements et ordonnances de voirie tolèrent,
contrairement à ceux de Lyon, la construction des murs en
pisé, de ceux en briques avec pans en bois, et celle de baraques sur des terrains bas et humides (appartenant à l'hôpital
de Lyon), ce qui donne la facilité aux propriétaires de ces
constructions d'établir des locations à bas prix et par cela
même d'enlever aux maisons des quartiers de Lyon qui sont
limitrophes à ces villes, la majeure partie de leurs loca-
taires.

Les propriétaires et habitants de Lyon intéressés à conser-
ver leur position dans cette ville ne peuvent conjurer un avenir
ruineux, qu'en obtenant du gouvernement et de l'assemblée,
la prompte réunion des villes suburbaines à la ville-mère ; ils
ne sauraient donc alors assez promptement réclamer l'appui
et l'assistance de Monsieur le commissaire extraordinaire

ment ; ils seront nommés par le gouvernement et choisis dans le nombre des habitants les plus indépendants et les plus imposés de la section qu'ils doivent représenter.

Ce conseil sous la présidence de Monsieur le commissaire extraordinaire Préfet du Rhône, sera spécialement chargé de veiller aux intérêts généraux de la ville ; investi du droit d'apurer et de transiger, il accordera annuellement à chaque arrondissement, dit mairie, sa part d'amélioration dans la proportion de la recette.

Tous les trois mois, chaque mairie soumettra à la sanction dn conseil supérieur le compte-rendu et l'exposé des délibérations de son conseil.

Enfin les six maires, ou en remplacement, le premier adjoint, devant seuls assister aux séances du conseil supérieur, lui fourniront, pour faciliter ses décisions, tous les renseignements et pièces nécessaires sans pour cela prendre part à ses délibérations.

----

préfet du Rhône, dont la bienveillance envers ses nouveaux administrés appréciera la légitimité de la demande.

Il est à regretter de ne pouvoir également recourir à l'administrateur habile qui préside le conseil municipal de Lyon. Sa position de directeur de la compagnie d'assurances générales contre l'incendie, dont les intérêts devant être contraires à la réunion, sont par conséquent diamétralement opposés à ceux des Lyonnais, vient malencontreusement le placer en dehors de cette question.

L'opinion générale des Lyonnais, établie en dehors de certaine coterie revendiquant les franchises municipales dont on pouvait abuser, émet que toute combinaison tendant à n'admettre qu'un seul maire régissant six municipalités, pourrait non-seulement devenir dangereuse, mais serait encore contraire à la bonne administration de chaque arrondissement; car un seul maire ne pourrait pas communiquer avec ses nombreux administrés; ceux-ci seraient donc obligés de recourir à l'adjoint de leur municipalité, qui, à son tour, en référerait au maire.

Ce nouveau système de transmission atteignant lentement au but et pouvant être un obstacle pour y arriver, il conviendrait donc que chaque arrondissement eût son maire, ses adjoints et son conseil, et le plus important, que les premiers fussent choisis dans une position indépendante.

Ainsi aujourd'hui que la police Préfectorale du département du Rhône comprend dans son inspection Lyon et ses villes suburbaines, le premier pas est fait; il ne reste donc plus que la réunion en une seule et même agglomération, assujettie à une même ligne d'octroi.

Il est présumable d'après cet exposé que cette question du plus haut intérêt obtiendra une prompte solution; car persuadé de l'utilité de faire marcher ensemble l'organisation politique et les intérêts matériels, dans le but du bien-être des populations, l'auteur de cet opuscule a préjugé que, pour cette proposition et celles qui précèdent, le gouvernement tiendrait compte de la nécessité de lier intimement par des rapports bien entendus ces deux intérêts, afin de faciliter à chacun le mouvement de ses rouages.

INAUGURATION

DE LA

STATUE DE NAPOLÉON

A VILLEURBANNE (Isère).

Extrait du *Journal du Commerce de Lyon* (mercredi 20 novembre 1839).

Au commencement de cette année, M. Decrussilly, habitant de Villeurbanne, projeta l'établissement de la *Cité-Napoléon*. Cet honorable citoyen voulut aussi consacrer le souvenir de cette fondation par un monument dédié à la mémoire de l'Empereur, et placé au point le plus central de la cité à laquelle il imposait son nom glorieux. MM. G., propriétaire, et Verdellet, ex-capitaine de la vieille garde, qu'il consulta, s'unirent à lui pour solliciter de l'autorité administrative l'autorisation qui était nécessaire. En suite de l'approbation unanime

et enthousiaste ([1]) qui fut donnée à ce projet, M. le
maire de Villeurbanne nomma MM. Decrussilly, G...
et Verdellet membres d'une commission chargée
d'ouvrir une souscription et de surveiller les travaux,
en leur adjoignant, comme trésorier, M. Laforest,
notaire à Lyon, et l'un des principaux souscripteurs,
parmi lesquels on remarque MM. Dumois, G.., B..,
Ollat, Reviron, Drevet, Perrin, Pichot, Jeanton,
Humblard frères, Louis frères, Maurice, Bindix,
Boudet, Bérard, Casset, Petit frères, Mure, Val-
lot, Bastien, Varambon, Coulouvra, Cusin; etc.,
etc.

La hauteur totale du monument est d'environ

([1]) Confirmée par le relevé des votes des 20 et 21 décembre
1851 et venant aujourd'hui constater : que prenant en considération la demande ci-annexée, relative à l'adjonction, au
département du Rhône, des communes de Villeurbanne, Bron
et Vaux-en-Velin, le gouvernement tiendrait compte de
l'esprit d'ordre qui a dirigé leurs votes, en même temps que
la ville de la Guillotière-les-Brotteaux, qui leur est limitrophe,
n'aurait qu'à se féliciter du contact et des rapports journaliers
et plus intimes, qui s'établiraient bientôt entre elle et ces
trois communes.

ÉLECTIONS DES 20 ET 21 DÉCEMBRE.

Canton de la Guillotière-les Brotteaux.	6,862 oui	3188 non.
Commune de Villeurbanne (Isère). .	936 oui	146 non.
Id. de Bron. Id. . .	267 oui	8 non.
Id. de Vaux-en-Vélin Id. . .	320 oui	11 non.

neuf mètres; la statue modelée par M. Lepind, de Lyon, a été, comme on sait, fondue dans les ateliers de MM. Leblond et Marchetty, aux Brotteaux; et la face occidentale du monument porte cette inscription :

LA CITÉ — FIÈRE DE SON NOM —
A ÉRIGÉ CE MONUMENT.
1839.

Dimanche dernier, 17 novembre, a eu lieu l'inauguration attendue avec la plus vive impatience.

A midi, une foule immense se pressait sur la place pour honorer la mémoire de cet homme si grand par ses actions et par ce beau titre d'Empereur qu'il a si dignement porté.

Le cortége, composé de trois cents personnes au moins, et à la tête duquel se trouvaient M. Primat, maire de la commune, et les commissaires de la cérémonie, MM. Decrussilly, G..., propriétaire, et Verdellet, ancien officier de la garde impériale; le cortége, disons-nous, après avoir fait le tour de la commune, au milieu des populations voisines qui étaient accourues, est arrivé à une heure au pied du monument. La musique militaire a fait entendre ses fanfares; des détonations de boîtes ont retenti, et le voile qui recouvrait la statue a été enlevé. Les cris de : VIVE L'EMPEREUR! ont alors éclaté avec transport dans cette foule immense où brillait de toutes parts la croix de la Légion-d'Honneur.

Aussitôt M. Decrussilly a, d'une voix forte, quoique profondément émue, prononcé le discours suivant :

Concitoyens,

- C'est dans une circonstance aussi mémorable pour cette nouvelle cité, que je serais jaloux de pouvoir célébrer dignement la gloire immortelle de la plus haute illustration de notre siècle, en vous rappelant des souvenirs chers à tous les Français. La grandeur du sujet me confond et mon travail sera bien court et bien faible, après celui des hommes célèbres, contemporains de Napoléon, qui ont eu le bonheur de retracer dans l'histoire un aussi vaste et aussi profond génie.

Le monde entier n'a-t-il pas su ses victoires? Ses hauts faits comme guerrier ne sont-ils pas gravés en caractères ineffaçables, depuis les sables brûlants du désert jusqu'aux cimes glacées du nord?

Comme homme politique, l'anarchie ne fut-elle pas anéantie par sa prévoyante administration et par une carrière de gloire, qui fit d'une nation affaiblie par dix ans de guerres civiles la plus grande nation du monde? N'a-t-il pas anobli le peuple? L'égalité retrouva son véritable règne; la religion, dégagée d'un fanatisme pernicieux, fut relevée par lui; et la nation guidée par son génie avait atteint l'apogée de la gloire, lorsqu'une puissance, rivale de notre riche industrie, vint, par un machiavélisme déshonorant, exciter tous les peuples et les démoraliser par l'appât de l'or.

Hommage à toi, Paul Ier, tu compris le héros !
- Tu devins son ami, et pour prix de ta noble confiance, tu fus assassiné par les ennemis de la France.

Malheur à toi, Napoléon! Tous les souverains que ta grandeur avait ménagés te vouèrent une haine implacable. Tu les avais tous vaincus, tu pouvais les anéantir, ton âme généreuse pardonna : la gloire vint justifier de nouveau les paroles du brave Kléber, *tu restas toujours grand comme le monde;* et tes ennemis ne purent t'accabler que lorsque ces factions errantes, qui ont toujours dévasté la France, vinrent, par une honteuse coalition, compromettre ton existence politique. Alors tu trouvas des traîtres! alors, parmi ceux que tu avais investis de ta confiance, quelques-uns se vendirent et apprirent à ton âme généreuse ce que c'est que l'avidité et l'ingratitude.

Ce fut en vain que, par des hauts faits qui ont à jamais illustré le héros et l'armée, tu sortis triomphant de cette lutte terrible. Tu devais céder à la ligue des rois : ta perte fut jurée; tu compris la générosité du peuple, tu voulus épargner son sang et ses sacrifices, tu t'immolas à son avenir; tes adieux furent grands, tes ennemis t'admirèrent; une seule nation fut satisfaite et lorsque, comme Thémistocle, tu vins lui demander un asile, tu ne trouvas que bassesse et ignominie. Ton âme si magnanime fut déchirée, la France pleura ; ta mort vint encore accroître sa douleur et lui fit déplorer la perte d'un des plus beaux et des plus grands caractères dont les fastes du monde aient jamais conservé le souvenir.

Puisse ce simple monument apprendre à nos arrière-petits-fils, que les habitants de l'Isère et du Rhône se réunirent souvent pour rendre hommage au grand capitaine, en célébrant la gloire française à laquelle ils ont pris une si noble part!

Plusieurs autres patriotiques discours ont été prononcés, écoutés dans le plus religieux silence, ils ont excité un vif enthousiasme, et ont été couverts par les bravos de la foule qui s'est écoulée paisible, et glorieuse des souvenirs que cette touchante solennité venait de réveiller dans tous les cœurs.

Pendant toute sa durée, le plus grand calme,

l'ordre le plus parfait n'ont pas cessé de régner un instant. L'autorité avait eu l'intention d'envoyer sur les lieux des forces militaires, mais M. le maire de Villeurbanne a répondu qu'il avait assez des quatre gendarmes de la commune, attendu que si, par impossible, quelques désordres venaient à éclater, la population entière était là pour rétablir aussitôt la tranquillité publique.

A l'issue de la cérémonie dont nous venons de rendre compte, un banquet a été donné par MM. les souscripteurs pour l'érection du monument, qui s'étaient fait un devoir et un plaisir d'y convier leurs amis et leurs connaissances. La salle de ce banquet de quatre-vingts couverts au moins, était pavoisée de drapeaux tricolores, ombrageant l'effigie de l'Empereur que l'on remarquait à chacune des extrémités de la pièce. Au milieu de la table s'élevait une statuette de Napoléon, coulée en bronze, d'après le tableau de David; la tête du héros était ceinte d'une couronne de lauriers à boules d'or, à laquelle étaient attachées des bandelettes tricolores produisant l'effet le plus noble et le plus gracieux à la fois.

Tous les convives était animés du même sentiment, du même amour de la patrie et de l'homme qui l'avait élevée au plus haut degré de la gloire et de la prospérité, la cordialité la plus franche et l'union la plus intime ont régné à ce banquet où plusieurs toasts ont été portés, au milieu d'un enthousiasme impossible à décrire.: *A l'Empereur, à sa famille et à la France !* Chacun de ces toasts était suivi d'une symphonie exécutée par le corps de musique du 51e de ligne, auquel on avait préparé une table dans la même salle. La *Marseillaise* a été demandée à grands cris par les assistants ; mais ils ont été privés de l'entendre, les musiciens leur ayant dit qu'il leur était expressément défendu d'exécuter aucun air national.